PABLO RUIZ

Rumbo a la Riqueza

Aprende a gestionar y alcanzar la libertad financiera

«Piensa en grande y tus hechos crecerán;
piensa en pequeño y te quedarás atrás;
piensa que puedes y podrás».

Daddy Yankee

A mi amada abuela Humbertina

Este libro está dedicado a ti, mi querida abuela, cuyo amor, sabiduría y ejemplo de vida continúan inspirándome. Aunque ya no estés físicamente entre nosotros, tu espíritu perdura en cada página de este libro. A través de tu ejemplo, comprendí que la riqueza verdadera no solo se mide en términos monetarios, sino en la capacidad de vivir una vida plena y satisfactoria en todos los aspectos. Es mi deseo que este libro pueda llevar el mensaje de esperanza y empoderamiento financiero a todas las personas que lo lean, inspirándolas a alcanzar su propia riqueza y libertad financiera. Que las enseñanzas que compartimos juntos, y que tú personificaste, puedan ser transmitidas a las generaciones futuras.

Con todo mi amor y gratitud,
Pablo Ruiz

ÍNDICE

Introducción

Bienvenido al emocionante viaje hacia la riqueza y la libertad financiera. En este libro, "Rumbo a la Riqueza", descubrirás las claves y estrategias fundamentales que te ayudarán a transformar tu relación con el dinero y a alcanzar niveles extraordinarios de éxito financiero.

En nuestra sociedad actual, la búsqueda de la libertad financiera se ha convertido en un objetivo común para muchas personas. Todos deseamos disfrutar de una vida plena y sin preocupaciones económicas, tener la capacidad de tomar decisiones sin restricciones y tener el control de nuestro destino financiero. Sin embargo, el camino hacia la riqueza no siempre es claro ni fácil de transitar.

Este libro ha sido cuidadosamente diseñado para ser tu guía confiable en este apasionante viaje. A lo largo de sus páginas, te compartiré mi experiencia como magnate financiero y escritor especializado en el tema del dinero. Te revelaré los principios y estrategias que me han llevado al éxito y que, sin duda, pueden transformar tu vida financiera también.

Comenzaremos por sentar las bases sólidas de la educación financiera. Aprenderás a comprender los fundamentos de las finanzas personales y a dominar conceptos clave como el presupuesto, la inversión, el ahorro y el manejo de deudas.

Todos estos conocimientos te empoderarán y te permitirán tomar decisiones financieras inteligentes y conscientes.

Pero no nos detendremos en la teoría. "Rumbo a la Riqueza" es un libro práctico y lleno de acciones concretas. Te brindaré estrategias específicas para generar múltiples fuentes de ingresos, identificar oportunidades de inversión lucrativas y aprovechar el poder de los impuestos a tu favor. Además, descubrirás cómo desarrollar habilidades empresariales esenciales para emprender con éxito y expandir tus horizontes financieros.

Sin embargo, el camino hacia la riqueza no está exento de obstáculos. A lo largo de esta travesía, también abordaremos los desafíos mentales y emocionales que pueden surgir en el camino hacia la libertad financiera. Te ayudaré a superar creencias limitantes y a adoptar una mentalidad de abundancia, clave para alcanzar tus metas económicas y disfrutar del éxito duradero.

Estás a punto de embarcarte en una aventura que transformará tu vida. Este libro está aquí para apoyarte en cada paso del camino, para desafiar tus límites y para recordarte que eres capaz de lograr mucho más de lo que imaginas. Permíteme ser tu mentor y compañero en este emocionante viaje hacia la riqueza y la libertad financiera.

¡Prepárate para despegar hacia nuevos horizontes financieros y descubrir tu verdadero potencial económico!

1

La Fundación de la Libertad Financiera

El Poder del Conocimiento Financiero

En nuestro viaje hacia la riqueza y la libertad financiera, es fundamental establecer una sólida base de conocimientos financieros. El poder del conocimiento financiero radica en la capacidad de comprender cómo funciona el dinero, cómo gestionarlo eficientemente y cómo hacerlo trabajar a nuestro favor. En esta primera parte del libro, exploraremos la importancia de adquirir una educación financiera sólida y cómo puede marcar la diferencia en nuestra búsqueda de la libertad financiera.

En nuestra sociedad, muchas veces damos por sentado que aprender sobre el dinero es responsabilidad exclusiva de los expertos en finanzas. Sin embargo, esto no podría estar más lejos de la realidad. La educación financiera es un derecho y una herramienta vital para todas las personas que desean tomar las riendas de su futuro financiero. Independientemente de tu situación actual, estás en el lugar adecuado para aprender y desarrollar las habilidades necesarias para alcanzar la libertad financiera.

Comencemos por entender el valor del presupuesto. Un presupuesto es mucho más que una simple lista de ingresos y gastos. Es una herramienta poderosa que te permite tomar el control de tu dinero y dirigirlo hacia tus metas financieras. Al crear y seguir un presupuesto, podrás identificar áreas en las que puedes reducir gastos innecesarios y destinar esos recursos hacia el ahorro e inversión. Un presupuesto bien diseñado es tu mapa financiero personalizado, guiándote hacia el éxito y la libertad económica.

Además del presupuesto, es fundamental comprender los conceptos básicos de la inversión. La inversión inteligente es una de las vías más efectivas para hacer crecer tu patrimonio y generar ingresos pasivos. Aprender sobre diferentes clases de activos, como acciones, bienes raíces o bonos, te permitirá diversificar tu cartera y minimizar riesgos. No importa cuánto dinero tengas para invertir inicialmente; lo que importa es tomar acción y comenzar a construir tu futuro financiero desde hoy.

La deuda es otro aspecto financiero que requiere nuestra atención. No todas las deudas son iguales, y es importante comprender la diferencia entre una deuda "buena" y una deuda "mala". Por ejemplo, una deuda utilizada para invertir en una propiedad o en un negocio rentable puede ser considerada una deuda "buena", ya que tiene el potencial de generar ingresos y aumentar tu patrimonio. Por otro lado, la deuda de tarjetas de crédito o préstamos con altos intereses generalmente se clasifican como deudas "malas", ya que pueden llevarte a una espiral de pagos y dificultar tu camino hacia la libertad financiera.

Aprender a gestionar y eliminar las deudas "malas" es esencial para lograr la estabilidad financiera.

El conocimiento financiero no solo se trata de comprender conceptos y estrategias, sino también de adquirir habilidades prácticas para llevar a cabo decisiones financieras inteligentes. En el próximo capítulo, exploraremos cómo desarrollar habilidades empresariales clave y cómo emprender con éxito para generar ingresos adicionales y multiplicar tus ganancias. Además, discutiremos el importante papel de los impuestos y cómo maximizar tus ganancias de manera legal y ética.

Recuerda que el conocimiento financiero es una inversión en ti mismo. Cuanto más aprendas y apliques los principios financieros adecuados, más cerca estarás de alcanzar la libertad financiera. En este viaje, estoy aquí para guiarte y compartir mi experiencia y conocimientos contigo. ¡Estás a punto de descubrir el verdadero poder que el conocimiento financiero puede brindarte en tu camino hacia la riqueza y la libertad económica!

Desarrollando Habilidades Empresariales para el Éxito Financiero

En la primera parte de este capítulo, exploramos la importancia del conocimiento financiero como base fundamental para alcanzar la libertad financiera. Ahora, en la segunda parte, nos adentraremos en el apasionante mundo de las habilidades empresariales y cómo desarrollarlas para impulsar tu éxito financiero.

En la primera parte de este capítulo, exploramos la importancia del conocimiento financiero como base fundamental para alcanzar la libertad financiera. Ahora, en la segunda parte, nos adentraremos en el apasionante mundo de las habilidades empresariales y cómo desarrollarlas para impulsar tu éxito financiero.

El emprendimiento se ha convertido en una vía poderosa para generar ingresos adicionales y construir riqueza. Al desarrollar habilidades empresariales clave, podrás identificar oportunidades, convertir ideas en negocios rentables y multiplicar tus ingresos. El espíritu emprendedor te brinda la posibilidad de tomar el control de tu destino financiero y dejar una marca duradera en el mundo.

Para comenzar, es importante cultivar una mentalidad emprendedora. Esto implica desarrollar una actitud de resiliencia, creatividad y determinación. El camino del emprendimiento no está exento de desafíos, pero con la mentalidad adecuada, podrás convertir esos desafíos en oportunidades de crecimiento y aprendizaje.

Además, es esencial adquirir habilidades empresariales específicas. El liderazgo efectivo, la gestión financiera, el marketing estratégico y la negociación son solo algunas de las habilidades que te ayudarán a destacar en el mundo empresarial. Al mejorar tus habilidades empresariales, podrás tomar decisiones informadas, establecer estrategias sólidas y aprovechar las oportunidades para hacer crecer tus ingresos y tu patrimonio.

No temas comenzar pequeño. Muchos emprendedores exitosos comenzaron con ideas simples y escasos recursos, pero con perseverancia y un enfoque estratégico, lograron construir imperios financieros. La clave está en tomar acción y aprender a medida que avanzas. El fracaso puede ser parte del camino hacia el éxito, siempre y cuando estés dispuesto a aprender de tus errores y seguir adelante.

El emprendimiento también te brinda la posibilidad de generar ingresos pasivos. Estos ingresos, que no dependen exclusivamente de tu tiempo y esfuerzo directo, son una de las claves para alcanzar la libertad financiera. Al crear fuentes de ingresos pasivos, como inversiones inmobiliarias o negocios en línea automatizados, podrás generar ingresos constantes incluso cuando no estés trabajando activamente.

Además de desarrollar habilidades empresariales, es crucial comprender el papel de los impuestos en tus finanzas. Aprender a manejar los impuestos de manera inteligente y ética te permitirá maximizar tus ganancias y minimizar tus obligaciones fiscales. Consulta a un profesional en impuestos o estudia las leyes fiscales relevantes para asegurarte de estar aprovechando todas las ventajas y beneficios disponibles para ti.

El Poder de las Inversiones Inteligentes

En las partes anteriores de este capítulo, hemos explorado la importancia del conocimiento financiero y el desarrollo de habilidades empresariales para alcanzar la libertad financiera. Ahora, en esta tercera parte, nos adentraremos en el emocionante mundo de las inversiones inteligentes y cómo pueden acelerar tu camino hacia la riqueza.

Las inversiones inteligentes son una herramienta poderosa para hacer que tu dinero trabaje para ti y generar ingresos pasivos a largo plazo. Al invertir de manera estratégica, puedes aumentar tu patrimonio y crear una base sólida para lograr la libertad financiera.

Antes de comenzar a invertir, es esencial entender los conceptos básicos y familiarizarte con diferentes clases de activos. Desde acciones y bonos hasta bienes raíces y fondos de inversión, cada clase de activo tiene sus propias características y riesgos asociados. Tómate el tiempo para investigar y educarte sobre estas opciones para tomar decisiones informadas.

Diversificar tu cartera de inversiones es otro principio clave en la ruta hacia la riqueza. No pongas todos tus huevos en una sola canasta. En lugar de eso, distribuye tus inversiones en diferentes activos y sectores, lo que te ayudará a minimizar los riesgos y maximizar los rendimientos a largo plazo. Recuerda que la diversificación no solo se limita a las inversiones en sí, sino también a los diferentes tipos de ingresos que generas en tu vida financiera.

Además, es importante tener una estrategia de inversión clara y seguir un enfoque disciplinado. Evita las tendencias de inversión a corto plazo y las emociones que pueden surgir en los mercados financieros volátiles. En su lugar, enfócate en el panorama general y mantén una visión a largo plazo. Establece metas financieras claras y crea un plan de inversión que se alinee con esas metas.

Una de las estrategias de inversión más efectivas es el interés compuesto. El interés compuesto es el poder de reinvertir tus ganancias y permitir que crezcan con el tiempo. Aprovecha esta herramienta mágica al reinvertir tus ganancias y no gastarlas de inmediato. Con el tiempo, el interés compuesto puede hacer crecer tus inversiones de manera exponencial y acelerar tu camino hacia la riqueza.

Además de las inversiones tradicionales, también es importante considerar nuevas oportunidades emergentes. La tecnología y las nuevas tendencias pueden ofrecer oportunidades de inversión innovadoras. Mantente actualizado con las últimas tendencias y considera la posibilidad de invertir en áreas como las criptomonedas, las energías renovables o la inteligencia artificial. Sin embargo, siempre recuerda hacer una investigación exhaustiva y tener en cuenta los riesgos asociados antes de invertir en estas áreas más novedosas.

La educación continua es clave en el mundo de las inversiones. Mantente actualizado con las noticias financieras, aprende de expertos y busca orientación profesional cuando sea necesario. Nunca dejes de aprender y evolucionar en tu conocimiento de las inversiones.

Recuerda, las inversiones inteligentes son una herramienta poderosa para hacer crecer tu patrimonio y alcanzar la libertad financiera. Al educarte, diversificar, tener una estrategia clara y aprovechar el poder del interés compuesto, estarás un paso más cerca de lograr tus metas financieras y disfrutar de una vida plena y abundante.

En el siguiente capítulo, exploraremos cómo superar los obstáculos mentales y las creencias limitantes que pueden frenar tu progreso hacia la riqueza. Descubriremos cómo desarrollar una mentalidad de abundancia duradera y cultivar una actitud positiva hacia el dinero y el éxito. ¡Prepárate para liberarte de las barreras mentales y dar un salto significativo hacia la realización de tu máximo potencial financiero!

2

Superando los Obstáculos Mentales hacia la Riqueza

Cultivando una Mentalidad de Abundancia

En nuestra búsqueda de la riqueza y la libertad financiera, a menudo nos encontramos con obstáculos mentales y creencias limitantes que nos impiden alcanzar nuestro máximo potencial. En este capítulo, nos sumergiremos en el poder de la mentalidad y exploraremos cómo superar los obstáculos mentales que nos frenan en nuestro camino hacia la riqueza.

La mentalidad es el conjunto de creencias, actitudes y pensamientos que moldean nuestra percepción y enfoque hacia el dinero y el éxito. Si bien el conocimiento financiero y las habilidades empresariales son esenciales, sin una mentalidad sólida, nuestras acciones y decisiones pueden verse obstaculizadas.

Una de las creencias limitantes más comunes es la escasez. Muchas personas creen que hay una cantidad limitada de riqueza en el mundo y que solo unos pocos afortunados pueden obtener su parte. Esta mentalidad de escasez nos lleva a tener miedo de tomar riesgos, nos impide buscar oportunidades y nos ata a la seguridad de lo conocido.

Para superar esta creencia limitante, debemos adoptar una mentalidad de abundancia.

Una mentalidad de abundancia nos permite creer en la posibilidad de crear riqueza ilimitada. Nos abre a nuevas oportunidades y nos motiva a buscar soluciones creativas en lugar de quedarnos estancados en el miedo. Cultivar una mentalidad de abundancia implica cambiar nuestra forma de pensar y reemplazar los pensamientos de escasez con pensamientos de prosperidad y posibilidades infinitas.

La gratitud es una herramienta poderosa para desarrollar una mentalidad de abundancia. Cuando nos enfocamos en lo que ya tenemos y apreciamos las bendiciones en nuestras vidas, generamos una energía positiva que atrae más abundancia hacia nosotros. Practica la gratitud diariamente al reconocer las cosas por las que estás agradecido, tanto grandes como pequeñas. Esto te ayudará a cultivar una actitud positiva hacia el dinero y atraer más oportunidades financieras a tu vida.

Además de la gratitud, es importante visualizar tus metas financieras. La visualización es una técnica que implica imaginarte a ti mismo alcanzando tus metas y disfrutando de la libertad financiera que deseas. Visualiza cómo te sientes, cómo vives y cómo disfrutas de tu vida financiera ideal. Al hacerlo, estás enviando una señal al universo y programando tu mente para atraer las circunstancias y oportunidades que te llevarán a ese estado.

Otro aspecto clave de una mentalidad de abundancia es aprender a manejar el miedo. El miedo al fracaso, al rechazo o a la incertidumbre puede paralizarnos y limitar nuestro crecimiento. Sin embargo, el miedo también es una señal de que estamos saliendo de nuestra zona de confort y avanzando hacia nuevas posibilidades. Aprende a enfrentar tus miedos, abrazar el riesgo calculado y ver los fracasos como oportunidades de aprendizaje. Recuerda que los errores son simplemente pasos en el camino hacia el éxito y que cada experiencia te acerca más a tus metas financieras.

Cultivando una Actitud Positiva hacia el Dinero y el Éxito

Nuestra actitud hacia el dinero y el éxito juega un papel fundamental en nuestra capacidad para alcanzar la libertad financiera. Si tenemos una actitud negativa o restrictiva hacia el dinero, es probable que nos autolimitemos y nos alejemos de las oportunidades. Por otro lado, al cultivar una actitud positiva y saludable hacia el dinero, abrimos las puertas hacia la abundancia y nos permitimos aprovechar al máximo nuestro potencial financiero.

Para comenzar, es importante examinar nuestras creencias arraigadas sobre el dinero. Muchas veces, nuestras creencias sobre el dinero se forman en base a las experiencias y enseñanzas que hemos recibido a lo largo de nuestras vidas. Si hemos sido expuestos a creencias limitantes o negativas sobre el dinero, es necesario cuestionar esas creencias y reemplazarlas por pensamientos más positivos y empoderadores.

Una forma de cambiar nuestras creencias limitantes sobre el dinero es buscar ejemplos inspiradores y modelos a seguir. Lee biografías de personas exitosas financieramente y aprende de sus historias de superación y logros. Observa cómo han utilizado el dinero como una herramienta para crear impacto positivo en sus vidas y en la de otros. Al exponerte a estas historias inspiradoras, podrás desafiar y cambiar tus propias creencias limitantes.

Además, rodearte de personas con una mentalidad positiva hacia el dinero puede tener un impacto significativo en tu actitud y perspectiva. Busca compañeros y mentores financieros que compartan tus metas y valores, y que te inspiren a alcanzar niveles más altos de éxito financiero. Al rodearte de una comunidad de personas que respalden tus metas y te motiven a crecer, estarás sentando las bases para un cambio positivo en tu actitud hacia el dinero y el éxito.

La práctica de la afirmación y la visualización también puede ser una herramienta poderosa para cultivar una actitud positiva hacia el dinero. Las afirmaciones son declaraciones positivas que refuerzan tus creencias y te ayudan a programar tu mente para el éxito financiero. Repite afirmaciones diariamente, como "Yo merezco la abundancia financiera" o "El dinero fluye hacia mí fácilmente y en abundancia". Acompaña estas afirmaciones con una visualización vívida de tus metas financieras ya alcanzadas. Imagínate disfrutando de la libertad financiera, viviendo la vida de tus sueños y compartiendo tu abundancia con los demás. Esta práctica constante te ayudará a mantener una actitud positiva y orientada hacia el éxito financiero.

No subestimes el poder de la gratitud en tu camino hacia la riqueza. Al practicar la gratitud hacia el dinero y todas las bendiciones financieras en tu vida, desarrollarás una mayor apreciación y valoración por tus recursos económicos. La gratitud crea un estado mental de abundancia y atrae más cosas por las cuales estar agradecido. Cada vez que recibas dinero, ya sea grande o pequeño, tómate un momento para agradecer y celebrar esa bendición. Este enfoque de gratitud te permitirá atraer más abundancia y prosperidad a tu vida financiera.

Cultivar una actitud positiva hacia el dinero y el éxito es esencial para superar los obstáculos mentales en nuestro camino hacia la riqueza. Al cuestionar y cambiar nuestras creencias limitantes, rodearnos de una comunidad de apoyo, practicar afirmaciones y visualizaciones positivas, y cultivar la gratitud, nos abrimos a un mundo de oportunidades financieras y nos permitimos alcanzar nuestro máximo potencial.

Manteniendo una Mentalidad de Crecimiento y Aprendizaje Financiero

La mentalidad de crecimiento es la creencia de que siempre podemos aprender y crecer, incluso en el ámbito financiero. En lugar de ver los desafíos como obstáculos, los vemos como oportunidades para expandir nuestros conocimientos y habilidades. Al mantener una mentalidad de crecimiento, nos abrimos a nuevas ideas, estrategias y enfoques que nos permiten alcanzar un mayor éxito financiero.

Una forma de mantener una mentalidad de crecimiento es buscar constantemente oportunidades de aprendizaje. Lee libros, asiste a seminarios, escucha podcasts y busca mentores financieros que te inspiren y te enseñen nuevas perspectivas. Mantente actualizado con las últimas tendencias y avances en el ámbito financiero. Al expandir tu conocimiento y habilidades, estarás mejor equipado para enfrentar los desafíos financieros y aprovechar las oportunidades que se presenten.

La perseverancia es otro aspecto clave de la mentalidad de crecimiento. El camino hacia la riqueza puede estar lleno de obstáculos y fracasos temporales. Sin embargo, aquellos con una mentalidad de crecimiento ven los fracasos como oportunidades de aprendizaje y no se rinden ante la primera adversidad. Aceptan los desafíos como parte del proceso y encuentran la motivación para seguir adelante. Recuerda que cada fracaso te acerca más al éxito si aprendes de él y te levantas más fuerte.

Además, el entorno en el que te rodeas también tiene un impacto en tu mentalidad de crecimiento financiero. Busca compañeros y mentores que compartan tu pasión por el crecimiento y el éxito financiero. Rodéate de personas que te desafíen a crecer y te inspiren a alcanzar nuevas metas. Participa en grupos o comunidades donde puedas compartir tus experiencias y aprender de los demás. Al rodearte de un entorno de apoyo y crecimiento, fortalecerás tu mentalidad y aumentarás tu potencial financiero.

Una forma de mantener una mentalidad de crecimiento es buscar constantemente oportunidades de aprendizaje. Lee libros, asiste a seminarios, escucha podcasts y busca mentores financieros que te inspiren y te enseñen nuevas perspectivas. Mantente actualizado con las últimas tendencias y avances en el ámbito financiero. Al expandir tu conocimiento y habilidades, estarás mejor equipado para enfrentar los desafíos financieros y aprovechar las oportunidades que se presenten.

La evaluación constante es otro aspecto importante de la mentalidad de crecimiento. Tómate el tiempo para reflexionar sobre tus decisiones financieras y evaluar su efectividad. Celebra tus éxitos y aprende de tus errores. Pregunta qué podrías haber hecho de manera diferente y cómo puedes mejorar en el futuro. La evaluación constante te permite ajustar tu enfoque y estrategias para lograr mejores resultados a lo largo del tiempo.

No subestimes el poder de la automotivación y la visualización en el mantenimiento de una mentalidad de crecimiento. Motívate a ti mismo estableciendo metas claras y desafiándote a alcanzarlas. Visualiza el éxito financiero y siente las emociones positivas asociadas con él. Al hacerlo, estarás programando tu mente para alcanzar tus objetivos y superar cualquier obstáculo que se presente en tu camino.

En resumen, mantener una mentalidad de crecimiento y aprendizaje en el ámbito financiero es esencial para superar los obstáculos mentales y alcanzar la riqueza. Al buscar oportunidades de aprendizaje, perseverar a través de los desafíos, rodearte de un entorno de apoyo y evaluarte constantemente, estarás cultivando una mentalidad que te llevará hacia el éxito financiero.

En el siguiente capítulo, nos sumergiremos en el mundo de la planificación financiera estratégica. Exploraremos cómo establecer metas financieras claras, crear un plan de acción efectivo y tomar decisiones financieras inteligentes a largo plazo. ¡Prepárate para dar forma a tu futuro financiero y trazar el rumbo hacia la riqueza y la libertad económica!

3

Planificación Financiera Estratégica: Diseñando tu Ruta hacia la Riqueza

Estableciendo Metas Financieras Claras

La planificación financiera estratégica se convierte en una herramienta poderosa para diseñar nuestro camino hacia el éxito. En este capítulo, exploraremos cómo establecer metas financieras claras y cómo crear un plan de acción efectivo que nos acerque a nuestros sueños financieros.

Las metas financieras son los pilares fundamentales sobre los cuales construimos nuestro plan financiero. Sin metas claras y bien definidas, es fácil perderse en un mar de posibilidades y tomar decisiones financieras inconsistentes. Al establecer metas financieras, no solo te brindas una dirección clara, sino que también te brindas la motivación necesaria para tomar acción y mantener el enfoque a largo plazo.

Para establecer metas financieras efectivas, es importante que sean claras, específicas y alcanzables. En lugar de decir "quiero ser rico", enfócate en objetivos más concretos y medibles, como "quiero ahorrar 50.000€ para la entrada de una casa en los próximos tres años".

Cuanto más específicas sean tus metas, más fácil será crear un plan de acción y medir tu progreso hacia ellas.

Además de ser claras y específicas, tus metas financieras también deben ser alcanzables y realistas. Evalúa tu situación financiera actual y establece metas que se ajusten a tus circunstancias. Si bien es importante soñar en grande, también es esencial ser realista y considerar los recursos y el tiempo disponibles para alcanzar tus metas. Establecer metas inalcanzables puede ser desalentador y llevar a la frustración. En cambio, establece metas a corto plazo, medianas y a largo plazo que sean desafiantes pero alcanzables con esfuerzo y planificación adecuada.

Una vez que hayas establecido tus metas financieras, es hora de crear un plan de acción efectivo para alcanzarlas. Esto implica desglosar tus metas en pasos más pequeños y manejables que te permitan avanzar gradualmente hacia ellas. Por ejemplo, si tu meta es ahorrar 50.000€ para la entrada de una casa en tres años, puedes establecer metas mensuales o trimestrales de ahorro para mantener un ritmo constante hacia tu objetivo final.

El seguimiento de tu progreso es esencial para mantener el enfoque y ajustar tu plan de acción cuando sea necesario. Establece hitos y plazos intermedios para evaluar cómo te estás acercando a tus metas y realizar ajustes si es necesario. Mantén un registro detallado de tus ingresos, gastos y ahorros para tener una visión clara de tu situación financiera en todo momento.

Recuerda que las metas financieras no solo se limitan al ahorro y la inversión. También pueden incluir objetivos como pagar deudas, aumentar tus ingresos o adquirir nuevas habilidades. Considera tus prioridades financieras y establece metas que abarquen diferentes aspectos de tu vida económica.

Establecer metas financieras claras es fundamental para diseñar tu ruta hacia la riqueza y la libertad financiera. Al establecer metas específicas, alcanzables y realistas, y crear un plan de acción efectivo, te brindas la dirección y la motivación necesarias para alcanzar tus sueños financieros.

Creando un Presupuesto Efectivo

En la primera parte de este capítulo, exploramos la importancia de establecer metas financieras claras como base de nuestro plan financiero. Ahora, en esta segunda parte, nos adentraremos en cómo crear un presupuesto efectivo que respalde nuestras metas financieras y nos ayude a tomar el control de nuestras finanzas personales.

Un presupuesto es una herramienta poderosa que te permite administrar tus ingresos y gastos de manera eficiente. Es una hoja de ruta financiera que te ayuda a asignar tu dinero de manera inteligente, priorizando tus metas y evitando gastos innecesarios. Al crear un presupuesto efectivo, estarás tomando el control de tus finanzas y sentando las bases para alcanzar la libertad financiera.

El primer paso para crear un presupuesto efectivo es evaluar tus ingresos y gastos actuales. Haz una lista detallada de todas tus fuentes de ingresos, ya sean salarios, ingresos pasivos o inversiones. Luego, analiza tus gastos mensuales, incluyendo alimentos, vivienda, transporte, deudas y otros gastos recurrentes. Esta evaluación te dará una imagen clara de tu situación financiera actual y te ayudará a identificar áreas en las que puedas reducir gastos o aumentar tus ingresos.

Una vez que hayas evaluado tus ingresos y gastos, es hora de establecer categorías de gastos en tu presupuesto. Puedes dividir tus gastos en categorías como vivienda, transporte, alimentación, deudas, entretenimiento y ahorros. Asigna un porcentaje de tus ingresos a cada categoría, asegurándote de destinar suficiente dinero hacia tus metas financieras, como ahorros e inversiones.

La clave de un presupuesto efectivo es la disciplina y el seguimiento constante. Establece un sistema para registrar tus ingresos y gastos, ya sea mediante una hoja de cálculo o una aplicación financiera. Actualiza tu presupuesto regularmente para reflejar los cambios en tus ingresos y gastos. Mantente fiel a tu presupuesto y evita desviarte de él, a menos que sea absolutamente necesario y esté alineado con tus metas financieras a largo plazo.

Una estrategia importante para maximizar tus ahorros es el pago a ti mismo primero. Esto significa destinar una parte de tus ingresos directamente a tus metas financieras, como ahorros e inversiones, antes de destinar dinero a otros gastos.

Automatiza tus ahorros estableciendo transferencias automáticas a una cuenta de ahorros o inversión cada vez que recibas un ingreso. Al hacerlo, te aseguras de que tus metas financieras estén siempre siendo atendidas y evitas la tentación de gastar ese dinero en otros gastos.

El monitoreo constante de tu presupuesto te permitirá identificar áreas en las que puedes reducir gastos y optimizar tus finanzas. Busca formas de ahorrar en tus gastos diarios, como cocinar en casa en lugar de comer fuera o buscar ofertas y descuentos en tus compras. Considera renegociar tus contratos de servicios, como telefonía e internet, para obtener mejores tarifas. Cada pequeño ahorro acumulado te acerca más a tus metas financieras.

Además, es importante tener un fondo de emergencia en tu presupuesto. Destina una parte de tus ingresos a un fondo de reserva que te brinde seguridad y tranquilidad en caso de imprevistos. Un fondo de emergencia te protegerá de deudas y te permitirá seguir avanzando hacia tus metas financieras, incluso en tiempos difíciles.

Crear un presupuesto efectivo es esencial para tomar el control de tus finanzas personales y alcanzar tus metas financieras ¡Al evaluar tus ingresos y gastos, establecer categorías de gastos, pagar a ti mismo primero y monitorear constantemente tu presupuesto, estarás sentando las bases para una gestión financiera exitosa!

Ahorro e Inversión Inteligente

El ahorro es el primer paso fundamental en la construcción de tu riqueza. Al ahorrar una parte de tus ingresos de manera constante, estás creando un colchón financiero que te brinda estabilidad y seguridad. Establece un objetivo de ahorro mensual o trimestral que sea realista y alcanzable dentro de tu presupuesto. Automatiza tus ahorros para que una parte de tus ingresos se destine directamente a una cuenta de ahorros o inversión sin que tengas que pensar en ello.

Además de los ahorros, es importante invertir tu dinero para que crezca y genere ingresos pasivos. La inversión es una herramienta poderosa para hacer que tu dinero trabaje para ti y aumente tu patrimonio a largo plazo. Antes de comenzar a invertir, investiga y educa sobre diferentes opciones de inversión, como acciones, bonos, bienes raíces, fondos mutuos, fondos indexados, entre otros. Cada opción tiene sus propias características y riesgos, así que asegúrate de entenderlos antes de tomar decisiones de inversión.

Diversificar tus inversiones es clave para mitigar riesgos y aprovechar oportunidades de crecimiento. No pongas todos tus recursos en una sola inversión, sino repártelos en diferentes activos y clases de activos. La diversificación te permite minimizar las pérdidas potenciales y maximizar los rendimientos a largo plazo. Busca un equilibrio entre inversiones de bajo riesgo y otras más arriesgadas, según tu tolerancia y horizonte de inversión.

Una estrategia de inversión inteligente es el interés compuesto. Aprovecha el poder del interés compuesto reinvirtiendo tus ganancias en lugar de gastarlas de inmediato. El interés compuesto te permite generar ganancias sobre tus ganancias, lo que acelera el crecimiento de tu patrimonio a lo largo del tiempo. Cuanto antes comiences a invertir y a aprovechar el interés compuesto, mayor será el impacto en tu riqueza futura.

No subestimes el poder de la educación continua en el ámbito de la inversión. Mantente actualizado con las tendencias y novedades del mercado financiero. Lee libros, asiste a seminarios y busca orientación de expertos financieros. Aprende a analizar oportunidades de inversión y a evaluar los riesgos asociados. Cuanto más conocimiento tengas, más informadas serán tus decisiones de inversión y mayores serán tus posibilidades de éxito.

Además de ahorrar e invertir, considera la posibilidad de diversificar tus fuentes de ingresos. No dependas únicamente de un trabajo tradicional, sino busca formas de generar ingresos adicionales. Puedes explorar oportunidades de emprendimiento, generar ingresos pasivos a través de inversiones o desarrollar habilidades y conocimientos que te permitan obtener ingresos adicionales.

Diversificar tus fuentes de ingresos te brinda una mayor seguridad financiera y te acerca más a la libertad financiera.

En resumen, el ahorro e inversión inteligente son pilares fundamentales para alcanzar la riqueza y la libertad financiera. Al establecer metas de ahorro, diversificar tus inversiones, aprovechar el interés compuesto y buscar oportunidades de ingresos adicionales, estás sentando las bases para un futuro financiero próspero. En el siguiente capítulo, exploraremos cómo proteger tus activos y minimizar riesgos a medida que avanzas en tu camino hacia la riqueza. ¡Prepárate para asegurar tu éxito financiero y construir una base sólida para tu libertad económica!

4

Protegiendo tus Activos: Minimizando Riesgos en el Camino hacia la Riqueza

La Importancia de la Protección Financiera

En nuestra búsqueda de la riqueza y la libertad financiera, es fundamental tener en cuenta la protección de nuestros activos. En este capítulo, exploraremos la importancia de minimizar riesgos y cómo puedes proteger tu patrimonio a medida que avanzas en tu camino hacia la riqueza.

La protección financiera es esencial para salvaguardar tus activos y asegurarte de que los logros que has alcanzado no se vean amenazados por imprevistos o contingencias. Si bien es emocionante enfocarse en la construcción de la riqueza, también es importante considerar cómo protegerla y mitigar los riesgos que puedan surgir en el camino.

Uno de los aspectos clave de la protección financiera es contar con un fondo de emergencia. Un fondo de emergencia es una reserva de dinero líquido destinada a cubrir gastos inesperados, como una pérdida de empleo, una enfermedad o un accidente.

Tener un fondo de emergencia te brinda seguridad financiera y te permite enfrentar situaciones difíciles sin tener que recurrir a deudas o liquidar tus inversiones a precios desfavorables.

Recuerda que la cantidad de dinero en tu fondo de emergencia debe ser suficiente para cubrir tus gastos básicos durante al menos tres a seis meses.

Otra forma de proteger tus activos es mediante la adquisición de seguros adecuados. Los seguros son herramientas que te brindan protección financiera en caso de que ocurra un evento adverso. Evalúa tus necesidades de seguro, como seguro de vida, seguro de salud, seguro de hogar o seguro de automóvil, y busca pólizas que se ajusten a tus circunstancias y metas financieras. Asegúrate de entender los términos y condiciones de cada póliza y revisa periódicamente tus coberturas para asegurarte de que sigan siendo adecuadas a medida que tu situación financiera evoluciona.

Además de contar con un fondo de emergencia y seguros, es importante proteger tus activos a través de estructuras legales adecuadas. Dependiendo de tu situación financiera y de tu país de residencia, podrías considerar la creación de una sociedad o una estructura de fideicomiso para proteger tus activos de posibles reclamos legales o deudas. Consulta a un profesional legal o financiero para obtener asesoramiento sobre la estructura legal más apropiada para tu situación específica.

La planificación patrimonial también es un aspecto esencial de la protección financiera. Esta implica establecer un plan para administrar y distribuir tus activos de manera efectiva a lo largo del tiempo.

Esto puede incluir la creación de testamentos, fideicomisos o establecer poderes notariales en caso de incapacidad. La planificación patrimonial te permite tener el control sobre cómo se gestionarán tus activos y asegura que tus deseos se cumplan, brindando protección tanto a ti como a tus seres queridos.

Además de estas medidas de protección, es importante llevar un registro actualizado de tus activos y pasivos, así como de tus inversiones y cuentas bancarias. Mantén copias de tus documentos importantes, como contratos, títulos de propiedad y estados de cuenta, en un lugar seguro y accesible. Esto te ayudará a mantener un control completo de tus activos y te permitirá tomar decisiones informadas sobre su gestión y protección.

En resumen, la protección financiera es una parte integral de tu viaje hacia la riqueza y la libertad financiera. Establecer un fondo de emergencia, contar con seguros adecuados, utilizar estructuras legales apropiadas y realizar una planificación patrimonial son medidas clave para minimizar riesgos y proteger tus activos. a continuación exploraremos cómo desarrollar una mentalidad de abundancia en tus inversiones y cómo aprovechar las oportunidades para hacer crecer aún más tu riqueza. ¡Prepárate para continuar tu camino hacia la riqueza y la seguridad financiera!

Desarrollando una Mentalidad de Abundancia en tus Inversiones

En la primera parte de este capítulo, exploramos la importancia de la protección financiera y cómo puedes salvaguardar tus activos. Ahora, en esta segunda parte, nos adentraremos en cómo desarrollar una mentalidad de abundancia en tus inversiones y aprovechar las oportunidades para hacer crecer aún más tu riqueza.

Una mentalidad de abundancia es clave para el éxito en tus inversiones. Significa creer en la posibilidad de crear riqueza y tener una actitud positiva hacia las oportunidades de inversión. Al adoptar una mentalidad de abundancia, te abres a nuevas posibilidades y estás dispuesto a asumir riesgos calculados en busca de un mayor crecimiento financiero.

La primera clave para desarrollar una mentalidad de abundancia en tus inversiones es educarte continuamente. Mantente actualizado con las últimas tendencias y novedades del mercado financiero. Lee libros, asiste a seminarios, escucha podcasts y busca orientación de expertos en inversiones. Cuanto más conocimiento tengas sobre las diferentes opciones de inversión, más confianza tendrás para tomar decisiones informadas y aprovechar las oportunidades que se presenten.

Además de educarte, es importante tener una mentalidad de largo plazo en tus inversiones. Evita caer en la tentación de buscar ganancias rápidas o caer en las modas y tendencias del momento.

En lugar de eso, enfócate en inversiones a largo plazo que tengan un potencial real de crecimiento sostenible. Acepta que los mercados financieros tienen altibajos y que las fluctuaciones a corto plazo son normales. Mantén la calma y la disciplina, y mantén tu visión a largo plazo en mente.

La diversificación de tus inversiones es otra estrategia clave para desarrollar una mentalidad de abundancia. No coloques todos tus huevos en una sola canasta, sino reparte tus inversiones en diferentes clases de activos y sectores. La diversificación te permite reducir el riesgo y aprovechar oportunidades en diferentes áreas del mercado. A medida que tu patrimonio crezca, considera diversificar aún más tus inversiones a nivel internacional, aprovechando el potencial de mercados en crecimiento.

Otro aspecto importante de una mentalidad de abundancia en tus inversiones es la capacidad de tomar riesgos calculados. Esto implica evaluar cuidadosamente las oportunidades de inversión, analizar los riesgos y recompensas potenciales, y tomar decisiones basadas en datos y fundamentos sólidos. Aunque el riesgo siempre estará presente en las inversiones, una mentalidad de abundancia te permite ver los riesgos como oportunidades para crecer y aprender, en lugar de paralizarte por el miedo.

La paciencia también es una virtud en tus inversiones. No esperes resultados inmediatos y evita tomar decisiones basadas en emociones o impulsos momentáneos.

Mantén un enfoque a largo plazo y permite que tus inversiones crezcan y se desarrollen a lo largo del tiempo. Recuerda que la riqueza se construye gradualmente y requiere perseverancia y disciplina.

Finalmente, mantén una mentalidad de gratitud y generosidad en tus inversiones. A medida que tu riqueza crezca, no olvides la importancia de dar y contribuir a causas que te importan. La generosidad y la gratitud te permiten mantener una perspectiva equilibrada y conectada con el propósito más allá de la riqueza material.

En resumen, desarrollar una mentalidad de abundancia en tus inversiones es esencial para aprovechar al máximo las oportunidades y hacer crecer tu patrimonio. Al educarte continuamente, adoptar una perspectiva a largo plazo, diversificar tus inversiones, tomar riesgos calculados y mantener una actitud de gratitud y generosidad, estarás sentando las bases para el éxito en tus inversiones y acercándote aún más a la riqueza y la libertad financiera.

En el siguiente capítulo, exploraremos cómo cultivar una mentalidad de abundancia en tu vida cotidiana y cómo crear un equilibrio entre la riqueza material y el bienestar emocional y espiritual. ¡Prepárate para descubrir cómo alcanzar la verdadera riqueza en todos los aspectos de tu vida!

5

Cultivando la Verdadera Riqueza: Equilibrio entre lo Material y lo Espiritual

El Significado de la Verdadera Riqueza

En nuestra búsqueda de la riqueza y la libertad financiera, es importante recordar que la verdadera riqueza va más allá de los activos materiales y el éxito financiero. En este capítulo, exploraremos cómo cultivar una mentalidad de abundancia en todos los aspectos de la vida y encontrar el equilibrio entre lo material y lo espiritual.

La verdadera riqueza no se limita a la acumulación de bienes materiales o a la búsqueda incesante de más dinero. La verdadera riqueza radica en encontrar satisfacción y plenitud en todas las áreas de nuestra vida, incluyendo nuestras relaciones, nuestra salud, nuestro bienestar emocional y nuestra conexión con un propósito más elevado.

Un aspecto clave de la verdadera riqueza es cultivar relaciones significativas y saludables. La calidad de nuestras relaciones y conexiones humanas es uno de los mayores determinantes de nuestra felicidad y bienestar. Dedica tiempo y energía a cultivar relaciones positivas con tus seres queridos, amigos y comunidad.

Fomenta la empatía, la compasión y el apoyo mutuo, y encuentra alegría en compartir momentos significativos con las personas que amas.

Además de las relaciones, el cuidado de nuestra salud es esencial para disfrutar de la verdadera riqueza. Invierte en tu bienestar físico y mental a través de una alimentación saludable, ejercicio regular y prácticas de autocuidado. Asegúrate de dedicar tiempo para descansar y recargar tus energías, y busca actividades que te brinden alegría y satisfacción personal. Recuerda que una buena salud es la base sobre la cual construir una vida plena y abundante.

El bienestar emocional también es fundamental en la búsqueda de la verdadera riqueza. Cultiva la gratitud, la resiliencia y el equilibrio emocional en tu día a día. Aprende a gestionar el estrés y las emociones negativas, buscando prácticas que te ayuden a mantener una mente tranquila y en paz. Cultiva la gratitud por lo que tienes en tu vida y enfócate en las cosas positivas, encontrando alegría en los pequeños momentos y aprendiendo de los desafíos.

Además de cuidar nuestras relaciones, salud y bienestar emocional, es esencial conectar con un propósito más elevado en la vida. Encuentra significado y sentido en lo que haces, ya sea en tu trabajo, en tus actividades voluntarias o en tus proyectos personales. Pregúntate cuál es tu propósito y cómo puedes contribuir al mundo de una manera significativa.

La conexión con un propósito más elevado te brindará una sensación de plenitud y satisfacción que va más allá de la acumulación de riqueza material.

Recuerda que la verdadera riqueza no se trata solo de buscar el éxito financiero, sino de encontrar equilibrio y satisfacción en todas las áreas de tu vida. Cultivar una mentalidad de abundancia implica valorar tanto lo material como lo espiritual y reconocer que el verdadero éxito radica en la integración de ambos aspectos.

la verdadera riqueza va más allá de los activos materiales y el éxito financiero. Implica cultivar relaciones significativas, cuidar nuestra salud y bienestar emocional, y conectar con un propósito más elevado en la vida.

Al encontrar el equilibrio entre lo material y lo espiritual, nos acercamos a la verdadera riqueza y alcanzamos una sensación de plenitud y satisfacción en todos los aspectos de nuestra vida.

Preservando y Haciendo Crecer tu Riqueza a Largo Plazo

La preservación de tu riqueza implica proteger y mantener tus activos a lo largo del tiempo. Una estrategia fundamental para lograr esto es diversificar tus inversiones. No pongas todos tus recursos en una sola clase de activos o sector, sino reparte tus inversiones en diferentes áreas para reducir riesgos y aprovechar oportunidades de crecimiento.

Además de la diversificación, es importante contar con un plan de sucesión bien estructurado. Un plan de sucesión asegura que tus activos se distribuyan de acuerdo con tus deseos y evita disputas familiares o problemas legales en el futuro. Consulta a un profesional en planificación patrimonial para establecer testamentos, fideicomisos y poderes notariales que reflejen tus deseos y protejan la continuidad de tu riqueza.

Otra estrategia para preservar tu riqueza es gestionar los riesgos. Evalúa cuidadosamente los riesgos asociados con tus inversiones y toma medidas para minimizarlos. Esto puede incluir la contratación de profesionales financieros o asesores que te ayuden a analizar y gestionar los riesgos de manera efectiva. Recuerda que, si bien los riesgos siempre están presentes, puedes tomar medidas para proteger tus activos y reducir la exposición a pérdidas significativas.

Además de la preservación de la riqueza, es importante buscar oportunidades para hacer crecer tus activos. El crecimiento sostenible de la riqueza implica aprovechar oportunidades de inversión que generen rendimientos a largo plazo. Mantente informado sobre las tendencias y oportunidades del mercado financiero, y busca inversiones que se alineen con tus metas y tolerancia al riesgo. Considera trabajar con profesionales financieros o asesores que puedan brindarte orientación experta y ayudarte a identificar todas las oportunidades.

Una estrategia clave para hacer crecer tu riqueza es el enfoque en la educación financiera continua. Continúa aprendiendo y mejorando tus conocimientos en el ámbito financiero, ya sea a través de libros, cursos, seminarios o mentorías. Cuanto más conocimiento tengas sobre las finanzas y las estrategias de inversión, más preparado estarás para tomar decisiones informadas y aprovechar las oportunidades que se presenten.

Además de buscar oportunidades de crecimiento financiero, considera la importancia de dar y contribuir a causas que te importan. La filantropía y la generosidad son componentes esenciales de la verdadera riqueza. Busca formas de utilizar tu riqueza y recursos para impactar positivamente en la vida de los demás y en tu comunidad. La generosidad te brinda una satisfacción profunda y te permite experimentar la verdadera riqueza en la capacidad de hacer una diferencia en el mundo.

El Impulso Final hacia la Riqueza y la Libertad Financiera

Ahora, en esta parte, nos adentraremos en el impulso final hacia la riqueza y la libertad financiera.

Para lograr el impulso final hacia la riqueza y la libertad financiera, es fundamental mantener una mentalidad positiva y enfocada en tus metas. Visualiza tus metas con claridad y mantén la motivación en todo momento. Mantén presente la razón por la cual deseas alcanzar la libertad financiera, ya sea para brindar seguridad a tu familia, cumplir tus sueños o tener la capacidad de hacer una diferencia en el mundo.

Recuerda que la perseverancia y la determinación son clave para superar los obstáculos que puedan surgir en tu camino.

Una parte fundamental del impulso final hacia la riqueza es el aprendizaje constante y la adaptación a los cambios. El mundo financiero y económico está en constante evolución, por lo que es importante estar al tanto de las nuevas tendencias y oportunidades. Mantente abierto a aprender de tus experiencias y errores, y busca oportunidades para mejorar y crecer como individuo y como inversionista. Aprovecha las tecnologías y herramientas disponibles para facilitar tus decisiones financieras y mantener una ventaja competitiva en el mercado.

Además, es esencial rodearte de un equipo de apoyo confiable. Busca mentores, asesores financieros y profesionales en los que confíes y que compartan tus valores y objetivos financieros. Un equipo sólido te brindará orientación, apoyo y una perspectiva objetiva en tu camino hacia la riqueza. Recuerda que no tienes que hacerlo todo solo, y contar con un equipo confiable puede marcar la diferencia en tu éxito financiero.

A medida que te acercas al impulso final hacia la riqueza y la libertad financiera, también es importante recordar el propósito más grande detrás de tus metas. Pregunta a ti mismo cómo puedes utilizar tu riqueza y éxito para marcar una diferencia positiva en la vida de los demás y en el mundo en general. La verdadera riqueza se encuentra no solo en lo que tienes, sino en lo que puedes hacer con ello.

Busca oportunidades para contribuir a causas benéficas, apoyar a quienes lo necesitan y generar un impacto positivo en la sociedad.

Por último, recuerda que la riqueza y la libertad financiera no son fines en sí mismos, sino herramientas para vivir una vida plena y significativa. Busca el equilibrio entre tus metas financieras y tu bienestar emocional, físico y espiritual. Cultiva la gratitud por lo que has logrado y aprende a disfrutar del viaje hacia la riqueza, valorando los momentos y experiencias que la vida te brinda.

El Camino hacia la Riqueza y la Libertad Financiera

En las partes anteriores de este capítulo, exploramos la importancia de encontrar el equilibrio entre lo material y lo espiritual, así como las estrategias para preservar y hacer crecer tu riqueza a largo plazo. Ahora, en esta cuarta parte, nos adentraremos en el camino hacia la riqueza y la libertad financiera.

El camino hacia la riqueza y la libertad financiera no es un camino fácil ni lineal. Está lleno de desafíos, obstáculos y aprendizajes. Sin embargo, con la mentalidad adecuada y las estrategias correctas, puedes superar cualquier adversidad y alcanzar tus metas financieras.

Un aspecto clave en el camino hacia la riqueza es la disciplina financiera. Esto implica tener un control riguroso sobre tus gastos, vivir por debajo de tus posibilidades y evitar deudas innecesarias.

Establece un presupuesto realista y adhiérete a él, priorizando tus metas financieras a largo plazo sobre los gastos impulsivos o superfluos.

La disciplina financiera te permite acumular ahorros y dirigir tus recursos hacia inversiones inteligentes que te ayudarán a alcanzar la libertad financiera.

Además de la disciplina financiera, es esencial tener una mentalidad de crecimiento y aprendizaje constante. A medida que avanzas en tu camino hacia la riqueza, busca oportunidades para adquirir nuevos conocimientos y habilidades que te ayuden a expandir tus oportunidades y aumentar tus ingresos. Nunca dejes de aprender y de mejorar tus habilidades, ya que el mundo financiero y económico está en constante evolución.

El camino hacia la riqueza también implica tomar decisiones financieras fundamentadas y evitar las emociones impulsivas. Evita caer en la trampa de seguir las modas o las tendencias del momento. En su lugar, realiza un análisis exhaustivo y objetivo de las oportunidades de inversión, evaluando los riesgos y las recompensas potenciales. Aprende a tomar decisiones basadas en datos y fundamentos sólidos, en lugar de dejarte llevar por la emoción del momento.

Además, es importante rodearte de personas que compartan tus objetivos financieros y te inspiren a alcanzar tus metas. Busca una red de apoyo compuesta por personas exitosas en el ámbito financiero, mentores y profesionales en quienes confíes y que puedan brindarte orientación.

Aprende de su experiencia y déjate inspirar por sus historias de éxito.

A lo largo del camino hacia la riqueza, es importante recordar que la libertad financiera no solo se trata de acumular riqueza, sino de tener el control y la capacidad de elegir cómo quieres vivir tu vida. Define tu propia versión de la libertad financiera y qué significa para ti. Puede implicar la posibilidad de tomar decisiones laborales basadas en tus pasiones, tener tiempo libre para pasar con tu familia y seres queridos, o contribuir a causas benéficas que te importan. Mantén tu visión de la libertad financiera en mente en cada paso que des y deja que te inspire y motive a seguir adelante.

El camino hacia la riqueza y la libertad financiera requiere disciplina financiera, una mentalidad de crecimiento y aprendizaje constante, toma de decisiones fundamentadas y rodearse de personas inspiradoras. A medida que avanzas en tu camino, recuerda que el objetivo final no es solo la acumulación de riqueza, sino tener el control y la capacidad de vivir una vida plena y significativa.

La Reafirmación de tu Compromiso hacia la Riqueza y la Libertad Financiera

Anteriormente, hemos explorado la importancia de encontrar el equilibrio entre lo material y lo espiritual, así como las estrategias para preservar y hacer crecer tu riqueza a largo plazo. Ahora, en esta quinta y última parte, nos centraremos en la reafirmación de tu compromiso hacia la riqueza y la libertad financiera.

Reafirmar tu compromiso hacia la riqueza y la libertad financiera implica recordar constantemente tus metas y motivaciones. Tómate un momento para reflexionar sobre por qué quieres alcanzar la libertad financiera. ¿Qué significaría para ti y para las personas que amas? Mantén viva esa visión en tu mente y permite que te guíe en cada decisión y acción que tomes.

A medida que avanzas en tu viaje hacia la riqueza, es importante no olvidar el valor de la gratitud y la celebración de tus logros. Tómate el tiempo para apreciar tus avances, incluso los pequeños, y celebra tus éxitos a lo largo del camino. La gratitud te mantiene conectado con el presente y te ayuda a valorar lo que ya tienes, mientras que la celebración te motiva y te inspira a seguir avanzando hacia tus metas.

Además, reafirmar tu compromiso implica estar dispuesto a salir de tu zona de confort y enfrentar desafíos. La búsqueda de la riqueza y la libertad financiera no siempre será fácil, y es probable que encuentres obstáculos en el camino. Sin embargo, es en esos momentos de desafío que creces y te fortaleces. Mantén una mentalidad resiliente y confía en tus habilidades para superar cualquier obstáculo que se presente.

Otra forma de reafirmar tu compromiso hacia la riqueza y la libertad financiera es compartiendo tu conocimiento y experiencia con los demás. A medida que adquieras sabiduría y éxito en tus propias finanzas, considera cómo puedes ayudar a otros a lograr sus metas.

Puedes compartir tus aprendizajes a través de la enseñanza, la mentoría o incluso mediante la escritura de tu propio libro sobre finanzas personales. Al hacerlo, no solo beneficiarás a los demás, sino que también reforzarás tu propio compromiso hacia tu propia búsqueda de la riqueza y la libertad financiera.

Finalmente, reafirmar tu compromiso hacia la riqueza y la libertad financiera implica recordarte a ti mismo que mereces el éxito financiero y la abundancia en tu vida. No permitas que las dudas o los miedos te detengan en tu camino. Cree en ti mismo y en tus capacidades para lograr tus metas financieras. Recuerda que mereces vivir una vida próspera y plena, y que tienes el poder de crear la realidad que deseas.

En resumen, la reafirmación de tu compromiso hacia la riqueza y la libertad financiera implica recordar tus metas y motivaciones, practicar la gratitud y celebrar tus logros, enfrentar desafíos con resiliencia, compartir tu conocimiento y creer en ti mismo.

Al reafirmar tu compromiso, te comprometes a seguir adelante y hacer todo lo necesario para alcanzar la riqueza y la libertad financiera que deseas.

6

La Riqueza como un Estilo de Vida: Manteniendo una Mentalidad de Abundancia

La Importancia de una Mentalidad de Abundancia en tu Vida Cotidiana

En las partes anteriores de este libro, hemos explorado diversas estrategias y principios para alcanzar la riqueza y la libertad financiera. Ahora, en este nuevo capítulo, nos adentraremos en la idea de la riqueza como un estilo de vida y la importancia de mantener una mentalidad de abundancia en tu vida cotidiana.

La riqueza no se trata solo de acumular dinero y bienes materiales, sino de vivir en un estado de abundancia en todos los aspectos de tu vida. Esto implica una mentalidad que reconoce y valora la abundancia en todas sus formas: salud, relaciones, tiempo, oportunidades y bienestar emocional.

Una mentalidad de abundancia comienza por cambiar tu perspectiva y creencias sobre el dinero y la riqueza. En lugar de ver el dinero como un fin en sí mismo, comienza a verlo como una herramienta que te permite crear la vida que deseas y tener un impacto positivo en el mundo. Aprecia lo que tienes en este momento y enfócate en las oportunidades y bendiciones que te rodean.

Además, la mentalidad de abundancia implica cultivar una actitud positiva y optimista hacia la vida. Aprende a ver los desafíos como oportunidades de crecimiento y aprendizaje. Enfócate en las soluciones en lugar de los problemas y mantén una perspectiva a largo plazo en todas tus decisiones y acciones. Una actitud positiva te ayudará a superar los obstáculos y a aprovechar al máximo las oportunidades que se te presenten.

La gratitud es otro aspecto fundamental de una mentalidad de abundancia. Agradece por todo lo que tienes en tu vida, tanto grande como pequeño. Cultiva la gratitud diariamente, ya sea a través de un diario de gratitud, la práctica de la meditación o simplemente expresando tu agradecimiento a las personas que te rodean. La gratitud te permite reconocer y valorar la abundancia presente en tu vida y te abre a recibir aún más.

Además de la gratitud, es importante practicar la generosidad y la compasión hacia los demás. La generosidad no se trata solo de dar dinero, sino también de dar tu tiempo, tus habilidades y tu apoyo a quienes lo necesitan. La compasión te ayuda a conectarte con los demás y a entender que la verdadera riqueza radica en la capacidad de ayudar y hacer una diferencia en la vida de los demás.

Otro aspecto clave de una mentalidad de abundancia es el enfoque en el crecimiento personal y profesional. Busca oportunidades de aprendizaje y desarrollo en todas las áreas de tu vida. Invierte en tu educación y adquiere nuevas habilidades que te permitan crecer y expandir tus horizontes.

El crecimiento personal te brinda la confianza y las herramientas necesarias para crear la vida abundante que deseas.

Mantener una mentalidad de abundancia es fundamental para vivir una vida rica y plena en todos los aspectos. Cultiva una actitud positiva, practica la gratitud y la generosidad, enfoque en el crecimiento personal y mantén una perspectiva optimista en todas tus acciones y decisiones. Al hacerlo, te abrirás a la abundancia en todas sus formas y te acercarás aún más a la riqueza y la libertad financiera que deseas.

Integrando la Mentalidad de Abundancia en tu Vida Cotidiana

Una de las áreas clave para integrar la mentalidad de abundancia es en tus relaciones personales. Cultiva relaciones basadas en la generosidad, la gratitud y el apoyo mutuo. Sé consciente de las oportunidades para conectar y brindar valor a las personas que te rodean. Aprecia la diversidad y la riqueza que cada individuo aporta a tu vida. Recuerda que las relaciones sólidas y saludables son una fuente inagotable de riqueza emocional y bienestar.

Además, integra la mentalidad de abundancia en tu salud y bienestar. Aprecia y cuida tu cuerpo, alimentándolo con una nutrición adecuada y practicando ejercicio físico regularmente. Dedica tiempo para relajarte y recargar tus energías, practicando técnicas de relajación y autocuidado. Mantén una actitud positiva hacia tu salud y enfoque en el bienestar integral de tu cuerpo, mente y espíritu. La salud es una de las mayores riquezas que puedes poseer así que cuídala.

Otro aspecto importante es la conexión con un propósito más elevado en tu vida. Pregunta a ti mismo cuál es tu propósito y cómo puedes contribuir al mundo de manera significativa. Encuentra formas de utilizar tu tiempo, talentos y recursos para marcar una diferencia en tu comunidad y en la vida de los demás. La conexión con un propósito te brinda una sensación profunda de plenitud y riqueza espiritual.

Además, intégrate a la mentalidad de abundancia en tus finanzas personales. Adopta una actitud de abundancia al administrar tus ingresos y gastos. En lugar de enfocarte en la escasez, busca oportunidades para generar más ingresos y expandir tus fuentes de riqueza. Aprecia lo que ya tienes y practica la gratitud por tus recursos financieros. Además, considera cómo puedes utilizar tu riqueza para hacer una diferencia positiva en la vida de los demás y en tu comunidad.

También es importante integrar la mentalidad de abundancia en tu perspectiva del tiempo. Valora y gestiona tu tiempo de manera eficiente, enfocándote en las actividades que son realmente significativas y te acercan a tus metas. Evita la mentalidad de escasez en la que sientes que nunca tienes suficiente tiempo. En su lugar, aprecia el tiempo que tienes y utilízalo sabiamente para cultivar experiencias enriquecedoras y construir una vida llena de propósito.

En resumen, integrar la mentalidad de abundancia en tu vida cotidiana implica aplicarla en tus relaciones personales, salud, propósito, finanzas y perspectiva del tiempo. Al hacerlo, experimentarás la riqueza en cada aspecto de tu existencia y te acercarás cada vez más a una vida plena.

Haciendo que la Riqueza sea una Realidad en tu Vida Diaria

Una estrategia clave para hacer que la riqueza sea una realidad es administrar tus finanzas de manera efectiva. Crea un presupuesto que refleje tus ingresos, gastos y metas financieras. Prioriza tus gastos en función de tus valores y objetivos a largo plazo. Asegúrate de ahorrar e invertir una porción de tus ingresos regularmente para generar riqueza a largo plazo. Además, mantén un ojo en tus deudas y trabaja para reducirlas o eliminarlas por completo. La administración adecuada de tus finanzas es fundamental para construir una base sólida para la riqueza.

Otra estrategia importante es generar ingresos pasivos. Busca oportunidades para diversificar tus fuentes de ingresos más allá de tu trabajo principal. Esto puede incluir inversiones en bienes raíces, negocios en línea, acciones o bonos. Al generar ingresos pasivos, tendrás la capacidad de hacer crecer tu riqueza de manera constante y liberarte gradualmente de la dependencia de un salario fijo. Aprovecha las oportunidades disponibles y sé creativo en la generación de nuevas fuentes de ingresos.

Además, es fundamental cultivar una mentalidad de inversión y aprovechar las oportunidades del mercado. Educa-te sobre diferentes opciones de inversión y busca asesoramiento profesional para tomar decisiones informadas. Considera invertir en acciones, fondos de inversión, bienes raíces u otros instrumentos financieros que se alineen con tus objetivos y tolerancia al riesgo.

Recuerda que la inversión conlleva riesgos, pero con la debida diligencia y conocimiento, puedes maximizar tus oportunidades de crecimiento y aumentar tu riqueza.

No olvides la importancia de cultivar una mentalidad de abundancia en tus hábitos diarios. Práctica la gratitud regularmente, tomando nota de las bendiciones y éxitos que has experimentado en tu vida. Visualiza tus metas y sueños con claridad, y repite afirmaciones positivas que te ayuden a mantener una mentalidad de abundancia y éxito. Mantén una actitud de apertura y disposición para aprender y crecer constantemente. Al hacerlo, te abrirás a nuevas oportunidades y atraerás la riqueza a tu vida.

Además, considera la importancia de rodearte de personas positivas y exitosas. Busca mentores y personas que te inspiren a alcanzar tus metas financieras. Rodéate de aquellos que comparten tu mentalidad de abundancia y que están dispuestos a apoyarte en tu camino hacia la riqueza. Las personas con las que te rodeas tienen un impacto significativo en tu mentalidad y éxito, así que elige sabiamente tu círculo de influencia.

Hacer que la riqueza sea una realidad en tu vida diaria requiere administrar tus finanzas de manera efectiva, generar ingresos pasivos, cultivar una mentalidad de inversión y mantener hábitos diarios que respalden una mentalidad de abundancia. Al hacerlo, estarás construyendo un estilo de vida basado en la riqueza y la libertad financiera.

7

La Gestión del Riesgo Financiero: Protegiendo y Preservando tu Riqueza

Comprendiendo la Importancia de la Gestión del Riesgo Financiero

En las partes anteriores de este libro, hemos explorado diversas estrategias y principios para alcanzar la riqueza y la libertad financiera. Ahora, en este nuevo capítulo, nos adentraremos en un aspecto fundamental de la gestión financiera: la gestión del riesgo.

La gestión del riesgo financiero es un componente esencial para proteger y preservar tu riqueza a lo largo del tiempo. Comprender y mitigar los riesgos asociados con tus finanzas es fundamental para mantener la estabilidad y la prosperidad a largo plazo.

Uno de los primeros pasos en la gestión del riesgo financiero es evaluar tus metas y tolerancia al riesgo. Define con claridad tus objetivos financieros a corto y largo plazo y considera cuánto estás dispuesto a arriesgar para alcanzarlos. Evalúa tu capacidad para soportar pérdidas financieras y establece límites claros en términos de cuánto estás dispuesto a invertir en activos más riesgosos.

Además, diversificar tus inversiones es clave para gestionar el riesgo financiero. Evita poner todos tus huevos en una sola canasta al invertir en diferentes clases de activos, como acciones, bonos, bienes raíces y fondos mutuos. La diversificación reduce la exposición a riesgos específicos de una industria o sector y ayuda a proteger tu riqueza en caso de fluctuaciones en el mercado.

La gestión del riesgo también implica la planificación de contingencias. Prepara un fondo de emergencia para hacer frente a gastos inesperados o situaciones imprevistas. Este fondo de seguridad te brindará tranquilidad y te permitirá afrontar desafíos financieros sin poner en riesgo tu estabilidad económica.

Además, asegurar tus activos y proteger tus inversiones es fundamental en la gestión del riesgo financiero. Contrata seguros adecuados para proteger tus propiedades, tu salud y otros activos importantes. Evalúa tus necesidades de seguro regularmente y ajusta tus coberturas según sea necesario.

La educación financiera también juega un papel crucial en la gestión del riesgo. Aprende sobre los diferentes tipos de riesgos financieros, como el riesgo de mercado, el riesgo crediticio y el riesgo de liquidez. Comprende cómo se aplican estos riesgos a tus inversiones y cómo puedes mitigarlos. La educación te brinda el conocimiento y la confianza para tomar decisiones informadas y gestionar mejor los riesgos financieros.

Mantener una mentalidad adecuada es esencial en la gestión del riesgo financiero. Evita dejarte llevar por el miedo o la avaricia al tomar decisiones financieras. Mantén una perspectiva a largo plazo y evita tomar decisiones impulsivas basadas en emociones momentáneas. La disciplina y el enfoque en tus metas financieras te ayudarán a gestionar el riesgo de manera más efectiva.

Evaluación de Inversiones y Análisis de Riesgo y Retorno

Cuando se trata de invertir, es esencial realizar una evaluación cuidadosa de las diferentes opciones disponibles y considerar el riesgo y el retorno asociados con cada una. No todas las inversiones son iguales y es importante tener en cuenta tus objetivos financieros, horizonte de tiempo y tolerancia al riesgo al tomar decisiones.

Una de las herramientas clave para evaluar las inversiones es el análisis de riesgo y retorno. Esto implica examinar los posibles rendimientos de una inversión y los riesgos asociados. Comprender el equilibrio entre riesgo y retorno te ayudará a tomar decisiones informadas sobre dónde invertir tu dinero.

El riesgo se refiere a la posibilidad de que una inversión no alcance los rendimientos esperados o incluso pierda valor. El riesgo puede estar relacionado con factores como la volatilidad del mercado, el desempeño de la empresa o sector en el que inviertes y la situación económica general. Es importante evaluar y comprender los riesgos antes de invertir.

El retorno, por otro lado, se refiere a los beneficios que puedes obtener de una inversión, como ganancias de capital o ingresos por intereses o dividendos. El retorno esperado de una inversión debe ser evaluado en relación con el riesgo asumido. Generalmente, a mayor riesgo, se espera un mayor retorno potencial.

Al evaluar inversiones, es útil considerar algunos indicadores y métricas clave, como el ratio de Sharpe , que relaciona el retorno de una inversión con su volatilidad. También es importante analizar el desempeño histórico de la inversión, las perspectivas futuras y los factores que pueden influir en su rendimiento.

Diversificar tu cartera de inversiones también es fundamental para gestionar el riesgo y maximizar el retorno potencial. Al distribuir tus inversiones en diferentes activos y clases de activos, reduces la exposición a riesgos específicos y aumentas la probabilidad de obtener un retorno equilibrado.

Recuerda que la gestión del riesgo financiero no se trata solo de evitar el riesgo, sino también de aprovechar las oportunidades que se presentan. No tengas miedo de asumir cierto nivel de riesgo, siempre y cuando estés dispuesto a aceptar las posibles consecuencias y hayas realizado un análisis cuidadoso.

La evaluación de inversiones y el análisis de riesgo y retorno son herramientas poderosas para tomar decisiones financieras informadas y maximizar tus oportunidades de crecimiento.

Al comprender el equilibrio entre riesgo y retorno, podrás construir una cartera de inversiones sólida y alineada con tus objetivos financieros a largo plazo.

Construyendo un Plan Financiero Sólido

Un plan financiero sólido es esencial para tener claridad y dirección en tu camino hacia la riqueza y la libertad financiera. Aquí hay algunos pasos clave para construir un plan financiero efectivo:

Establece tus metas financieras: Define con claridad tus metas financieras a corto, mediano y largo plazo. Estas metas pueden incluir pagar deudas, ahorrar para la jubilación, adquirir propiedades o invertir en negocios. Al tener metas claras, podrás diseñar estrategias específicas para alcanzarlas.

- **Evalúa tu situación financiera actual:** Realiza un análisis completo de tu situación financiera actual, incluyendo tus ingresos, gastos, activos y pasivos. Calcula tu patrimonio neto y determina tu capacidad de ahorro e inversión. Comprender tu situación financiera actual te permitirá tomar decisiones informadas y realistas.

- **Crea un presupuesto:** Elabora un presupuesto detallado que refleje tus ingresos y gastos mensuales. Asegúrate de destinar una parte de tus ingresos al ahorro e inversión. Un presupuesto te ayudará a controlar tus gastos, identificar áreas de mejora y mantener un equilibrio saludable entre tus ingresos y gastos.

- **Diversifica tus inversiones:** Utiliza la evaluación de inversiones y el análisis de riesgo y retorno que hemos discutido anteriormente para construir una cartera de inversiones diversificada. Distribuye tus inversiones en diferentes clases de activos y sectores para reducir el riesgo y aumentar las oportunidades de crecimiento.

- **Establece un fondo de emergencia:** Crea un fondo de emergencia que cubra al menos de tres a seis meses de tus gastos básicos. Este fondo te brindará seguridad y tranquilidad en caso de imprevistos, como la pérdida de empleo o gastos médicos inesperados.

- **Actualiza y revisa regularmente tu plan financiero:** La vida financiera está en constante cambio, por lo que es importante revisar y ajustar tu plan financiero periódicamente. Realiza evaluaciones anuales de tus metas, presupuesto, inversiones y estrategias para asegurarte de que estén alineados con tus objetivos actuales.

- **Busca asesoramiento profesional:** Considera la posibilidad de buscar asesoramiento financiero de un profesional calificado. Un asesor financiero puede ayudarte a tomar decisiones informadas, optimizar tus inversiones y brindarte una visión objetiva de tu plan financiero.

8

Recapitulación de los Principios Fundamentales: Tu Ruta hacia la Riqueza y la Libertad Financiera

Un Vistazo a lo Aprendido

A lo largo de este libro, hemos explorado una amplia gama de conceptos y estrategias para ayudarte en tu camino hacia la riqueza y la libertad financiera. Ahora, en este último capítulo, haremos una recapitulación de los principios fundamentales que hemos abordado, brindándote una visión general de los conocimientos adquiridos.

En primer lugar, hemos resaltado la importancia de adoptar una mentalidad de abundancia. Tu mentalidad y tus creencias sobre el dinero y la riqueza tienen un impacto significativo en tu éxito financiero. Cultiva una mentalidad positiva y enfocada en el crecimiento, y cree en tu capacidad para lograr la riqueza y la libertad financiera.

Además, hemos destacado la importancia de la educación financiera. Aprender sobre conceptos y estrategias financieras te empodera para tomar decisiones informadas y tomar el control de tus finanzas. Invierte tiempo en adquirir conocimientos sobre presupuesto, ahorro, inversión y gestión del riesgo.

También hemos enfatizado la necesidad de establecer metas financieras claras. Definir tus objetivos financieros te brinda un propósito y una dirección clara en tu camino hacia la riqueza. Establece metas a corto, mediano y largo plazo, y diseña estrategias específicas para alcanzarlas.

La gestión del dinero es otro aspecto esencial para lograr la libertad financiera. Aprende a administrar tus finanzas de manera efectiva, creando un presupuesto, controlando tus gastos, ahorrando e invirtiendo de forma inteligente. La disciplina financiera es clave para mantener una base sólida para la riqueza.

En nuestro recorrido, también hemos explorado la importancia de la diversificación de inversiones. Distribuir tus inversiones en diferentes activos y clases de activos te ayuda a reducir el riesgo y maximizar las oportunidades de crecimiento. Evalúa cuidadosamente tus opciones de inversión y busca un equilibrio entre riesgo y retorno.

La gestión del riesgo financiero también ha sido un tema fundamental. Comprende los riesgos asociados con tus decisiones financieras y adopta estrategias para mitigarlos. Evalúa tus inversiones, analiza el riesgo y el retorno, y diversifica tu cartera para proteger tu riqueza a largo plazo.

Además, hemos explorado la importancia de construir un plan financiero sólido. Establece metas financieras claras, evalúa tu situación financiera actual, crea un presupuesto, diversifica tus inversiones y busca asesoramiento profesional cuando sea necesario.

Un plan financiero te brinda estructura y guía en tu búsqueda de la riqueza y la libertad financiera.

¡Cultiva una mentalidad de abundancia, adquiere educación financiera, establece metas claras, gestiona tu dinero de manera efectiva, diversifica tus inversiones, gestiona el riesgo y construye un plan financiero sólido!

Aplicando los Principios en tu Vida Diaria

La primera clave para aplicar estos principios es la consistencia. La riqueza y la libertad financiera no se logran de la noche a la mañana, sino a través de pequeños pasos consistentes en la dirección correcta. Mantén el enfoque en tus metas financieras a largo plazo y trabaja de manera constante hacia ellas, incluso cuando los resultados no sean inmediatos.

La disciplina financiera es otro aspecto crucial. Establece hábitos financieros sólidos, como ahorrar regularmente, controlar tus gastos y evitar la deuda innecesaria. La disciplina te ayudará a mantener el equilibrio entre tus necesidades y deseos a corto plazo y tus metas financieras a largo plazo.

La automotivación también juega un papel importante. Encuentra tu fuente de motivación interna para seguir adelante, ya sea visualizando tu vida financiera ideal, recordando tus metas o rodeándote de personas inspiradoras. Mantén tu motivación alta incluso cuando enfrentes desafíos y obstáculos en el camino.

La gestión del tiempo es otro factor clave. Administra eficientemente tu tiempo, priorizando las tareas y actividades que te acerquen a tus metas financieras. Dedica tiempo regularmente para monitorear y ajustar tu plan financiero, así como para educarte y mantenerte actualizado sobre las últimas tendencias y oportunidades financieras.

La adaptabilidad también es esencial en el camino hacia la riqueza y la libertad financiera. El entorno financiero está en constante cambio, y es importante que te adaptes y ajustes tus estrategias en consecuencia. Mantén una mente abierta y dispuesta a aprender de tus experiencias y de las lecciones del mercado.

Además, la gestión del riesgo continúa siendo un principio fundamental. A medida que avanzas en tu camino hacia la riqueza, es importante que sigas evaluando y gestionando los riesgos asociados con tus decisiones financieras. Mantén un equilibrio adecuado entre la búsqueda de oportunidades y la protección de tu patrimonio.

El éxito financiero no es solo una cuestión de acumular riqueza, sino también de encontrar un equilibrio entre el dinero y otros aspectos importantes de la vida, como la salud, las relaciones y el bienestar emocional. No sacrifiques tu felicidad y bienestar personal en aras de la riqueza material.

Manteniendo una Mentalidad de Crecimiento

Una mentalidad de crecimiento es el enfoque mental que te impulsa a buscar constantemente oportunidades de aprendizaje y crecimiento. Te permite superar los obstáculos, aprender de los errores y convertirlos en lecciones valiosas. Mantener una mentalidad de crecimiento es esencial para alcanzar tus metas financieras a largo plazo.

En primer lugar, es importante estar abierto a aprender y adaptarse. El mundo financiero está en constante evolución, y es crucial mantenerse actualizado sobre las últimas tendencias, estrategias y herramientas. Busca oportunidades de educación continua, ya sea a través de cursos, libros, seminarios o conversaciones con expertos en finanzas.

Además, mantén una actitud positiva y resiliente frente a los desafíos. Los obstáculos pueden aparecer en tu camino hacia la riqueza, pero es importante no dejarte desanimar. En lugar de ver los fracasos como derrotas, cámbialos por oportunidades de aprendizaje y crecimiento. Encuentra soluciones creativas y mantén la perseverancia para seguir adelante.

La autodisciplina es otro aspecto clave para mantener una mentalidad de crecimiento. Cultiva hábitos y rutinas financieras saludables, como ahorrar regularmente, evitar deudas innecesarias y tomar decisiones informadas. La autodisciplina te ayudará a mantener el enfoque en tus metas financieras y a tomar acciones consistentes para alcanzarlas.

Asimismo, mantén una mentalidad de abundancia en lugar de escasez. Enfócate en las oportunidades y posibilidades que existen en el mundo financiero en lugar de enfocarte en las limitaciones. Cree en tu capacidad para generar riqueza y busca formas creativas de aumentar tus ingresos y maximizar tus oportunidades de crecimiento.

No te olvides de rodearte de personas que comparten tus valores financieros y te inspiran a crecer. Busca mentores y compañeros que estén dispuestos a apoyarte en tu viaje hacia la riqueza y la libertad financiera. Participa en comunidades o grupos donde puedas compartir conocimientos, experiencias y motivación mutua.

Mantener una mentalidad de crecimiento es esencial para alcanzar la riqueza y la libertad financiera. Estar abierto a aprender, mantener una actitud positiva y resiliente, cultivar la autodisciplina, adoptar una mentalidad de abundancia y rodearte de personas inspiradoras te ayudará a avanzar hacia tus metas financieras.

¡Te felicito por haber recorrido este camino de aprendizaje y crecimiento! Ahora, es tu turno de tomar las riendas de tu futuro financiero y poner en práctica estos principios en tu vida diaria. Con determinación y perseverancia, alcanzarás el éxito y disfrutarás de una vida próspera y abundante. ¡Adelante hacia tu rumbo a la riqueza!

¡EXTRA!

Libros Recomendados
para tu Desarrollo Financiero

En este libro, hemos explorado una variedad de conceptos y estrategias clave para ayudarte en tu camino hacia la riqueza y la libertad financiera. Sin embargo, el aprendizaje continúa más allá de estas páginas. Aquí, te presento una lista de libros sobre educación financiera que complementarán tu crecimiento financiero y te brindarán una perspectiva adicional.

- **"Padre Rico, Padre Pobre" por Robert Kiyosaki:** Este clásico de la educación financiera ha sido una inspiración para millones de personas en todo el mundo. A través de la historia personal del autor, aprenderás importantes lecciones sobre la mentalidad, las finanzas y la inversión.

- **"El Hombre más Rico de Babilonia" por George S. Clason:** Este libro atemporal presenta principios financieros fundamentales a través de parábolas ambientadas en la antigua Babilonia. Descubrirás lecciones sobre ahorro, inversión, gestión del dinero y la importancia de adquirir conocimientos financieros.

- **"Piense y Hágase Rico" de Napoleon Hill:** Un clásico en el desarrollo personal y financiero, este libro explora los principios del éxito a través de historias y ejemplos inspiradores. Aprenderás sobre la importancia de la mentalidad, la visualización y la persistencia en la búsqueda de la riqueza.

- **"Los Secretos de la Mente Millonaria" de T. Harv Eker:** Este libro te ayudará a identificar y superar las creencias limitantes que pueden estar obstaculizando tu camino hacia la riqueza. Descubrirás estrategias para cambiar tu mentalidad y adoptar los hábitos de las personas financieramente exitosas.

- **"El Inversor Inteligente" de Benjamin Graham:** Considerado un clásico en el mundo de la inversión, este libro proporciona una guía sólida sobre cómo analizar y seleccionar inversiones inteligentes. Aprenderás sobre el enfoque de inversión de valor y la importancia de la paciencia y el análisis fundamentado.

- **"El Cuadrante del Flujo de Dinero" de Robert Kiyosaki:** En este libro, Kiyosaki presenta el concepto de los cuatro cuadrantes de flujo de dinero y cómo cada uno de ellos influye en nuestra vida financiera. Explora las diferencias entre ser empleado, autoempleado, dueño de negocio e inversionista, y cómo moverte hacia el cuadrante de inversión.

- **"Pensar rápido, pensar despacio" de Daniel Kahneman:** Aunque no es un libro de finanzas en sí, este bestseller del premio Nobel de Economía, Daniel Kahneman, ofrece una valiosa perspectiva sobre cómo los sesgos cognitivos y las emociones influyen en nuestras decisiones financieras. Te ayudará a entender cómo tomar decisiones más informadas y racionales.

Estos libros complementarán tus conocimientos financieros y te brindarán diferentes enfoques y perspectivas sobre la gestión del dinero y la creación de riqueza. Recuerda que la educación financiera es un viaje continuo, así que aprovecha estos recursos para seguir aprendiendo y creciendo en tu camino hacia la riqueza y la libertad financiera.

¡Disfruta de la lectura, aprende, cuídate, come saludable y continúa expandiendo tu conocimiento financiero!

A continuación tienes toda esta pagina para **escribir** todos tus **sueños, metas y ambiciones que tengas y quieras cumplir**, recuerda que la vida es corta, disfruta de cada detalle que te da. Hoy estamos vivos mañana quien sabe...

Escribe aqui:

«El secreto de lograr cosas grandes está en comenzar con cosas pequeñas».

John D. Rockefeller